BEI GRIN MACHT SICH IHR WISSEN BEZAHLT

- Wir veröffentlichen Ihre Hausarbeit, Bachelor- und Masterarbeit

- Ihr eigenes eBook und Buch - weltweit in allen wichtigen Shops

- Verdienen Sie an jedem Verkauf

Jetzt bei www.GRIN.com hochladen und kostenlos publizieren

Bibliografische Information der Deutschen Nationalbibliothek:

Die Deutsche Bibliothek verzeichnet diese Publikation in der Deutschen Nationalbibliografie; detaillierte bibliografische Daten sind im Internet über http://dnb.dnb.de/ abrufbar.

Dieses Werk sowie alle darin enthaltenen einzelnen Beiträge und Abbildungen sind urheberrechtlich geschützt. Jede Verwertung, die nicht ausdrücklich vom Urheberrechtsschutz zugelassen ist, bedarf der vorherigen Zustimmung des Verlages. Das gilt insbesondere für Vervielfältigungen, Bearbeitungen, Übersetzungen, Mikroverfilmungen, Auswertungen durch Datenbanken und für die Einspeicherung und Verarbeitung in elektronische Systeme. Alle Rechte, auch die des auszugsweisen Nachdrucks, der fotomechanischen Wiedergabe (einschließlich Mikrokopie) sowie der Auswertung durch Datenbanken oder ähnliche Einrichtungen, vorbehalten.

Impressum:

Copyright © 2015 GRIN Verlag
Druck und Bindung: Books on Demand GmbH, Norderstedt Germany
ISBN: 9783668728035

Dieses Buch bei GRIN:

https://www.grin.com/document/428823

Jan Bausewein

Trainingsplan und Effekte des Krafttrainings bei Diabetes mellitus Typ 2

Diagnose, Makrozyklus, Mesozyklus

GRIN Verlag

GRIN - Your knowledge has value

Der GRIN Verlag publiziert seit 1998 wissenschaftliche Arbeiten von Studenten, Hochschullehrern und anderen Akademikern als eBook und gedrucktes Buch. Die Verlagswebsite www.grin.com ist die ideale Plattform zur Veröffentlichung von Hausarbeiten, Abschlussarbeiten, wissenschaftlichen Aufsätzen, Dissertationen und Fachbüchern.

Besuchen Sie uns im Internet:

http://www.grin.com/

http://www.facebook.com/grincom

http://www.twitter.com/grin_com

Deutsche Hochschule für
Prävention und Gesundheitsmanagement
Hermann Neuberger Sportschule 3
66123 Saarbrücken

Einsendeaufgabe

Fachmodul:	Trainingslehre I
Studiengang:	Fitnessökonomie
Datum Präsenzphase:	09.-12.02.2015
Name, Vorname:	Bausewein, Jan
Studienort:	**Frankfurt am Main**
Semester:	**WS 2014**

Inhaltsverzeichnis

1 DIAGNOSE 3

   1.1 Allgemeine und biometrische Daten 3

   1.2 Krafttest 4

2 ZIELSETZUNG/PROGNOSE 5

3 TRAININGSPLANUNG MAKROZYKLUS 6

4 TRAININGSPLANUNG MESOZYKLUS 8

5 LITERATURRECHERCHE 10

   5.1 Effekte des Krafttrainings bei Diabetes mellitus Typ-2 10

   5.2 Studie 1 11

   5.3 Studie 2 12

6 LITERATURVERZEICHNIS 13

7 ABBILDUNGS- UND TABELLENVERZEICHNIS 14

   7.1 Tabellenverzeichnis 14

1 Diagnose

1.1 Allgemeine und biometrische Daten

Geschlecht	Männlich
Alter	25 Jahre
Körpergröße	1,80m
Körpergewicht	75kg
Körperfettanteil	15%

Tabelle 1: Allgemeine und biometrische Daten 1 (eigene Darstellung)

Blutdruck	118/77mmHg	Norm: 120/80mmHg	Bewertung: Normal
Ruhepuls	61	Norm: 60-80	Bewertung: Normal
BMI	23,1	Norm: 20-25	Bewertung: Normal

Bewertungsquelle WHO (2013)

Tabelle 2: Allgemeine und biometrische Daten 2 (eigene Darstellung)

Für die folgende Trainingsplanung wird eine männliche Person betrachtet, die 25 Jahre alt ist und bei einer Körpergröße von 1,80m ein Gewicht von 75kg aufweist. Die Person betreibt seit 3 Jahren ausschließlich Krafttraining und möchte dies mit drei bis vier Trainingseinheiten pro Woche von je einer Stunde Training weiterführen. Neben ihrer besonders stehenden und gehenden Aktivität im Beruf ist die Person zeitlich und körperlich nicht weiter eingeschränkt.

Sowohl die Blutdruckwerte mit 118/77mmHg, bei einer Norm von 120/80mmHg, als auch der BMI von 23,1, bei einer Norm von 20-25, liegen in einem normalen Bereich. Des Weiteren besitzt die Person einen Körperfettanteil von 12% und ist in subjektiver gesundheitlichen Bestform, die die Person sich bei einem Arzttermin hat bestätigen lassen.

Zusammenfassend ist die Person als sehr belastbar einzustufen, ohne Einschränkungen im passiven Bewegungsapparat und ohne medikamentöse Unterstützung zur Aufrechterhaltung der gegenwärtigen Situation.

Durch die mehrjährige Trainingserfahrung, wird von der Person eine bereits ausgeprägte Koordination und Übungskenntnis mitgebracht.

1.2 Krafttest

Zu Beginn der Trainingsplanung wird ein Maximalkrafttest durchgeführt. Die Person wird in vier Übungen an die willkürliche Maximalkraft herangeführt, um aus den Ergebnissen weitere Trainingskonsequenzen zu ziehen.

Die vier zu testenden Übungen werden in dieser Reihenfolge getestet und lauten: Kniebeuge, Kreuzheben, Bankdrücken und Klimmzug mit Zusatzgewicht.

Bevor der Maximalkrafttest durchgeführt wird, findet ein Aufwärmprogramm von 10 Minuten auf einem Stepper, mit niedrigem subjektivem Belastungsempfinden, statt.

Zusätzlich findet vor jeder Übung ein spezielles Aufwärmprogramm statt, mit zwei Aufwärmsätzen bei 8 Wiederholungen und einem Gewicht von 50% und 5 Wiederholungen und einem Gewicht von 70% der subjektiven Maximalkraft.

Nach den Aufwärmsätzen wird das Gewicht gesteigert und die Person absolviert die nun folgenden Maximalversuche mit nicht mehr als 2 Wiederholungen. Bei 2 absolvierten Wiederholungen wird das Gewicht weiter, um einen von der Person geschätzten Wert, gesteigert. Dies wird bis zu drei Mal, mit 3-5 Minuten Pause zwischen den Versuchen, durchgeführt. Nach dieser Anzahl an Krafttestversuchen sollte kein weiterer Versuch stattfinden, da es sonst durch die auftretende Muskelermüdung keinen korrekten Maximalkraftwert geben wird. Zu beachten bei den Versuchen ist die saubere Ausführung der Übung, kontrolliert durch den stets beobachtenden Trainer.

Die bei der Person entstandenen Testergebnisse (1-RM-Test) lauten wie folgt:

Testübung	WH	1. Testsatz	2. Testsatz	3. Testsatz
Kniebeuge	1	90	95	100
Kreuzheben	1	110	120	---
Bankdrücken	1	70	75	---
Klimmzug	1	5	7,5	10

Tabelle 3: Testergebnisse (eigene Darstellung)

Aus den vorliegenden Testergebnissen lässt sich eine ausgeglichene Körperstruktur erkennen, deren Kraftwerte im Anfänger-Bereich (The Aasgaard Company, 2006) liegen.

Als Trainingskonsequenz kann mit einer hohen Intensität gearbeitet werden, um das bereits gute Verhältnis der verschiedenen Muskelgruppen weiter auszubauen.

2 Zielsetzung/Prognose

Die von der Person genannten Trainingsziele sollen für ihn sichtbar, messbar und spürbar sein.

Angegebene Ziele der Person:

	Inhalt	Ausmaß	Zeit
Ziel 1	Muskelaufbau	1kg	6 Monate
Ziel 2	Kraftsteigerung	10% in den Grundübungen	6 Monate
Ziel 3	Verbesserung der Ästhetik	Subjektiv	6 Monate

Tabelle 4: Zielsetzung (eigene Darstellung)

Der Aufbau eines Kilogramms an Muskeln ist das primäre Ziel, das zwar nur ein geringes Ausmaß ist, jedoch durch die 3-jährige Trainingserfahrung realistisch für den Zeitraum von sechs Monaten ist.

Des Weiteren soll eine Kraftsteigerung von 10% in den Grundübungen stattfinden, die, durch die Beherrschung der jeweiligen Technik und der Zeitvorgabe von sechs Monaten bei der oben genannten Trainingsfrequenz, kein Problem darstellen sollte.

Die optische Verbesserung seines Körpers wird mit Hilfe mehrerer Fotoaufnahmen und Körpermaße subjektiv bewertet. Für das Endresultat ist eine Zeit von sechs Monaten vorhergesehen.

Solange die Person in ihrem momentanen gesundheitlichen Zustand bleibt, ist jedes der Ziele erreichbar, in Bezug auf die bisherige sportliche Leistungsfähigkeit und die bisherigen Ergebnisse der optischen und messbaren Fortschritte seines Körpers.

3 Trainingsplanung Makrozyklus

	Mesozyklus I	Mesozyklus II	Mesozyklus III	Mesozyklus IV
Dauer	4 Wochen	8 Wochen	6 Wochen	8 Wochen
Trainings-methodik	Kraftausdauer	Muskelaufbau	Muskelaufbau	Maximalkraft
Organisationsform	Ganzkörper	2er Split	2er Split	Ganzkörper
Häufigkeit/ Woche	3-4	4	4	3-4
Übungen/ Muskel	1-2	2	2	1-2
Sätze/ Übung	2-3	2-3	2-3	2-3
Pause zwischen den Sätzen	1-2 Min.	1-2 Min.	1-2 Min.	2-3 Min.
Bewegungstempo	2/0/2	2/0/2	2/0/2	2/0/2
Intensität	60-70% 1-RM	65-75% 1-RM	70-80% 1-RM	85% 1-RM
Wiederholungen	15	12	8	5

Tabelle 5: Makrozyklus (eigene Darstellung)
Der Makrozyklus ist in vier Teile unterteilt.
Er beginnt mit vier Wochen Kraftausdauertraining, bei niedriger Intensität und 15 Wiederholungen pro Satz. Mit dieser Intensität wird der Körper auf die darauf folgenden Wochen vorbereitet und die Kapillarisierung verbessert.

Die nächsten beiden Mesozyklen sind auf Muskelaufbautraining ausgelegt und werden bei einem 2er-Split mit erst 12 und anschließend acht Wiederholungen trainiert. Bei vier

Trainingseinheiten pro Woche werden so jedem Muskel zwei Reize gesetzt, die ausreichen, um eine Hypertrophie in der Muskulatur anzuregen.

Zum Schluss des Makrozyklus trainiert der Mann bei wenigen Wiederholungen, um bei einer hohen Intensität von 85%, möglichst viele Muskelfasern anzusprechen, das Ziel Kraftsteigerung in den Grundübungen mit hoher Sicherheit zu erreichen und für weitere Hypertrophiereize in der Muskulatur zu sorgen.

Im Ganzkörpertraining werden bei drei bis vier Trainingseinheiten pro Woche grundsätzlich weniger Übungen pro Muskelgruppe erfolgen. Aufgrund des Zeitmanagements, werden hier weniger Übungen absolviert, als bei dem aufgesplitteten Trainingsplan, der die doppelte Zeit für das Training des Körpers in Anspruch nehmen kann.
Bei beiden Trainingsmethoden wird nicht über 60 Minuten hinaus trainiert.

Um die verfügbare Zeit einschätzen zu können, ist das Bewegungstempo von 2/0/2 (2 Sekunden exzentrische Phase/ 0 Sekunden Pause am Umkehrpunkt/ 2 Sekunden konzentrische Phase) einer Wiederholung vorgegeben. Zusätzlich sichert dies die Vermeidung von Fehlerbildern, wie zum Beispiel Trainieren mit Schwung.

Die Satzanzahl bei den jeweiligen Übungen richtet sich nach dem Fokus, der auf Grundübungen, beziehungsweise komplexen Mehrgelenksübungen liegt. Diese werden mit drei Sätzen trainiert, während Isolations- und Zusatzübungen nur mit zwei Sätzen trainiert werden.

Durch die uneingeschränkte körperliche Verfassung des Mannes, ist die Intensität des Trainings sehr intensiv gewählt.

Besonders zu beachten bei der Trainingsdurchführung, sind die einzuhaltenden Pausen von 1-2 beziehungsweise 2-3 Minuten, die der Körper zur zwischenzeitlichen Regeneration benötigt. Außerdem muss ein korrektes Ausführen der Übungen bei jeder Gewichtsstufe und –steigerung gewährleistet sein, um auch die letzte Wiederholung eines Satzes ohne Verletzungsrisiko zu absolvieren und die Wiederholung für die Trainingsdokumentation werten zu können.

Des Weiteren ist, wie in „Trainingsplanung Mesozyklus" zu sehen, die Trainingshäufigkeit pro Woche beachtet worden, welche mit einem Ganzkörpertraining und dem Tag Pause zwischen jeder Trainingseinheit eine gute Übereinstimmung gefunden hat. Auch mit dem 2-er Split in den Mesozyklen „Muskelaufbau" ist für eine ausreichende Reizsetzung gesorgt, bei höherem Volumen, im Vergleich zum Ganzkörpertraining, und unter Beachtung der Zeitvorgabe des Mannes.

4 Trainingsplanung Mesozyklus

Mesozyklusplanung Maximalkraft (8 Wochen) bzw. Kraftausdauer (4 Wochen)

	Montag	Dienstag	Mittwoch	Donnerstag	Freitag	Samstag	Sonntag
Woche 1	GK	-	GK	-	GK	-	GK
Woche 2	-	GK	-	GK	-	GK	-

Bei Woche 3, 5, 7 wird wieder von vorne (Woche 1) begonnen.
Tabelle 6: Mesozyklusplanung 1 (eigene Darstellung)

Mesozyklusplanung Muskelaufbau (8 bzw. 6 Wochen)

	Montag	Dienstag	Mittwoch	Donnerstag	Freitag	Samstag	Sonntag
Woche 1-8/1-6	Split 1	Split 2	-	Split 1	Split 2	-	-

Tabelle 7: Mesozyklusplanung 2 (eigene Darstellung)

Mesozyklus IV - Maximalkrafttraining

Zyklusdauer	8 Wochen
Spezifisches Trainingsziel	Kraftsteigerung
Trainingseinheiten/ Woche	3-4
Organisationsform	Ganzkörpertraining
Übungen/ Muskelgruppe	1-2
Sätze/ Übung	2-3
Satzpause	2-3 Min.
Wiederholungszahl	5
Intensität	85% 1-RM
Bewegungstempo	2/0/2

Tabelle 8: Mesozyklus IV (eigene Darstellung)

In diesem Mesozyklus wird besonders auf das Ziel „Kraftsteigerung in den Grundübungen" angesprochen.

Bei der sich erhöhenden Intensität von Zyklus zu Zyklus, ist nun die höchste Intensitätsstufe dieser sechs-monatigen Trainingsplanung erreicht. Nun ist die Person körperlich und geistig darauf vorbereitet, die Übungen bei schwerem Gewicht und wenigen Wiederholungen auszuführen.

Trainingsplan für diesen Mesozyklus:

Übungen	WH	Sätze	Satzpausen
Kniebeuge	5	3	3 Min
Kreuzheben	5	3	3 Min
LH Bankdrücken	5	3	3 Min
Klimmzüge mit Gewicht	5	3	3 Min
Rudermaschine	5	2	2 Min
Brustpresse	5	2	2 Min
LH Schulterdrücken	5	2	2 Min

Tabelle 9: Trainingsplan (eigene Darstellung)

Die Reihenfolge der Übungen ist so gewählt, dass die Mehrgelenksübungen, welche eine höhere Konzentration und Energiebereitstellung benötigen, zu Beginn getätigt werden. Bei diesen (Grund-) Übungen werden 3 Sätze mit je 3 Minuten Pause zwischen den Sätzen trainiert, um möglichst viele Muskelfasern anzusprechen und dem Körper eine gute Grundlage in Sachen Koordination, Maximalkraft und überschwellige Reizsetzung zu geben.

Die darauf folgenden Übungen dienen der Isolation verschiedener Muskelgruppen. Diese Isolation sichert das gezielte Ansprechen und Ermüden dieser Muskelgruppen und verhindert eine vorzeitige Ermüdung durch eine zu hohe Ganzkörperinvolviertheit. Bei den Isolationsübungen reicht eine Pause von 2 Minuten, um der entsprechenden Muskelgruppe, trotz hoher Intensität, genügend Erholung zu bieten.

5 Literaturrecherche

5.1 Effekte des Krafttrainings bei Diabetes mellitus Typ-2

Diabetes mellitus Typ-2 (DM Typ-2) ist eine wachsende Volkskrankheit. Durch die steigende Zahl übergewichtiger und fettleibiger Menschen, ist die daraus resultierende Insulinunempfindlichkeit und Insulinresistenz dieser Menschen vorprogrammiert.

Der Insulinhaushalt ist jedoch stark mit körperlichen Aktivitäten verbunden und kann durch regelmäßiges Training ins Positive beeinflusst werden.

Krafttraining hat bei DM Typ-2 nachgewiesene positive Effekte auf wichtige, bei der Krankheit Einfluss nehmende Faktoren, wie zum Beispiel „eine verbesserte Energiebalance, Reduktion des viszeralen und subkutanen Fettanteils und Verbesserungen des Glukose- sowie Lipidstoffwechsels sowie [ein induzierter] Blutdruckwert[…]". (Evidenzbasierte Leitlinie der DDG, 2008, Seite 15)

Die verbesserte Energiebalance entsteht durch die Vergrößerung der Muskelmasse und den dadurch höheren Grundumsatz. Des Weiteren hat Krafttraining durch die steigende Muskelmasse direkten Einfluss auf die Insulinempfindlichkeit und bewirkt eine Vergrößerung der Glykogenspeicher in der Muskulatur, welche Insulinunabhängig ist. (vgl. Eifel, 2004, S.217)

Krafttraining sollte dabei, für eine spür- und messbare Verbesserung der Krankheit, mindestens drei Mal die Woche, oder sogar jeden zweiten Tag, ausgeführt werden und bei einer Intensität von 60-80% des 1-RM trainiert werden. (vgl. Deutsche Zeitschrift für Sportmedizin, Jahrgang 62, Nr. 1, 2011, Seite 7)

Der Fokus ist auf Grundübungen gesetzt.

Besondere Beachtung muss jedoch dem Blutzuckerspiegel gewidmet werden, der bei intensivem Krafttraining zu stark absinken kann und daher stets vor dem Training nochmal kontrolliert werden muss.

Vorteile von Krafttraining bei DM Typ-2 sind außerdem die Umsetzbarkeit im höheren Alter und bei adipösen Menschen, die es durch die körperliche Verfassung nicht mehr schaffen, eine andere Art von Training durchzuführen.

5.2 Studie 1

In der 2012 veröffentlichten Studie „A Prospective Study of Weight Training and Risk of Type 2 Diabetes Mellitus in Men", von Frank B. Hu, wurden über einen Zeitraum von 18 Jahren, insgesamt 32.002 Männer getestet, um die Verbindung zwischen Krafttraining und Diabetes mellitus Typ-2 zu erforschen. Die Männer waren alle DM Typ-2 gefährdet und kombinierten Krafttraining mit Ausdauertraining.

Überwacht wurden die Personen durch einen grundlegenden Fragebogen über ihre Krankheiten, Gewohnheiten und Körperdaten, den sie alle 2 Jahre ausfüllen mussten.
Die Teilnehmer wurden in verschiedene Gruppen aufgeteilt, je nachdem wie viel Zeit sie pro Woche an Sport machen sollten. Darunter 0, 1 bis 59, 60 bis 149 und über 150 Minuten pro Woche. Es wurden verschiedene Sportarten durchgeführt, wie zum Beispiel Squash, Joggen, Tennis und Krafttraining.

Zu beobachten war, dass immer mehr Probanden mit Krafttraining begannen, sich insgesamt mehr bewegt und besser ernährt haben.
Ergebnis der Studie waren insgesamt 2278 neue Fälle von Diabetes mellitus Typ-2, jedoch ein bedeutend niedrigeres Risiko der Erkrankung bei Männern mit ansteigendem Bewegungsaufwand pro Woche. Männer mit über 150 Minuten Krafttraining oder Ausdauertraining in der Woche hatten ein um 34-52% niedrigeres Risiko.

Aus der Studie lässt sich eindeutig eine signifikante Rückführung, des Risikos an DM Typ-2 zu erkranken, erkennen, bei zunehmendem Zeitengagement im Ausdauer- und/oder Kraftsport.

5.3 Studie 2

In der in 2007 erschienenen Studie „Strength training improves muscle quality and insulin sensitivity in Hispanic older adults with type 2 diabetes", von den Autoren Naomi Brooks, Jennifer E. Layne, Patricia L. Gordon, Ronenn Roubenoff, Miriam E. Nelson und Carmen Castaneda-Sceppa, wurden 62 lateinamerikanische, in einer Gemeinschaft lebende Menschen, älter als 55 Jahre und an Diabetes mellitus Typ-2 erkrankt, getestet.

Die Probanden wurden 16 Wochen lang, bei drei Trainingseinheiten pro Woche à 35 Minuten Krafttraining mit 5 Minuten Warm-Up, 5 Minuten Cool-Down und bei einer Intensität von 60-80% 1-RM beobachtet.

Es wurde ein Trainingsplan mit einem Mehrsatztraining bei 8 Wiederholungen und insgesamt 5 Übungen

Aufgeteilt wurden die Teilnehmer in zwei Gruppen. Eine Gruppe mit begleitetem Training und eine Gruppe, bei gleichbleibender, niedriger Aktivität.

Eine körperliche Untersuchung fand am Anfang und am Ende der Studie statt.

Ergebnis der Studie war eine Reduktion der Medikamentendosis bei 72% der Teilnehmer von der begleiteten Gruppe, als auch ein Anstieg der körperlichen Aktivitäten in der Freizeit aus Eigeninitiative. Dagegen wurde ein Anstieg der Medikamentendosis bei 42% der nicht-trainierenden Gruppe festgestellt und keine steigende körperliche Aktivität in der Freizeit der Probanden.

Des Weiteren wurde nach den 16 Wochen Testzeit, nur bei der trainierenden Gruppe eine höhere Insulinempfindlichkeit gemessen.

Aus der Studie lässt sich ein eindeutiger Effekt von Krafttraining auf Diabetes mellitus Typ 2 schlussfolgern. Sowohl die Insulinempfindlichkeit, als auch die körperliche

Aktivität der Teilnehmer hat sich verbessert und die Medikamentendosis konnte verringert werden, ohne eine Änderung an der Ernährung vorzunehmen.

6 Literaturverzeichnis

1. Basic Strength Standarts, The Aasgaard Company, 2006
   http://www.crossfit.com/cf-journal/WLSTANDARDS.pdf
2. Körperliche Aktivität und Diabetes mellitus, Martin Halle, Friedrich-W. Kemmer, Michael Stumvoll, Ulrike Thurm, Peter Zimmer, 2008, S. 15f.
   http://www.lab-kl.de/fileadmin/bilder/Downloads/PDF/057-022_S3_Koerperliche_Aktivitaet_und_Diabetes_mellitus_10-2008_10-2013.pdf
3. Studienbrief „Trainingslehre I", Eifel, 2004, S. 217
4. Krafttraining bei Diabetes mellitus Typ 2, König D, Deibert P, Dickhuth HH, Berg A, Deutsche Zeitschrift für Sportmedizin, Jahrgang 62, Nr. 1, 2011, S. 7
   http://www.zeitschrift-sportmedizin.de/fileadmin/content/archiv2011/heft01/spomed_1_2011_pdfe_02/Uebersicht_Koenig_korr_neu_bg.pdf
5. A Prospective Study of Weight Training and Risk of Type 2 Diabetes Mellitus in Men, Frank B. Hu , 2012   http://archinte.jamanetwork.com/article.aspx?articleid=1307571#ArticleInformation
6. Strength training improves muscle quality and insulin sensitivity in Hispanic older adults with type 2 diabetes, Naomi Brooks, Jennifer E. Layne, Patricia L. Gordon, Ronenn Roubenoff, Miriam E. Nelson und Carmen Castaneda-Sceppa, 2007
   http://www.ncbi.nlm.nih.gov/pubmed/17211497

7 Abbildungs- und Tabellenverzeichnis

7.1 Tabellenverzeichnis

Tabelle 1: Allgemeine und biometrische Daten 1	Seite 3
Tabelle 2: Allgemeine und biometrische Daten 2	Seite 3
Tabelle 3: Testergebnisse	Seite 4
Tabelle 4: Zielsetzung	Seite 5
Tabelle 5: Makrozyklus	Seite 6
Tabelle 6: Mesozyklusplanung 1	Seite 8
Tabelle 7: Mesozyklusplanung2	Seite 8
Tabelle 8: Mesozyklus IV	Seite 8
Tabelle 9: Trainingsplan	Seite 9

BEI GRIN MACHT SICH IHR WISSEN BEZAHLT

- Wir veröffentlichen Ihre Hausarbeit, Bachelor- und Masterarbeit

- Ihr eigenes eBook und Buch - weltweit in allen wichtigen Shops

- Verdienen Sie an jedem Verkauf

Jetzt bei www.GRIN.com hochladen und kostenlos publizieren